Paule Hébrard

L'Amour et le Couple

Edilivre

« Je n'aurai jamais cru qu'il puisse y avoir de bonheur si complet en ce monde … un tel sentiment d'harmonie entre deux mortels.

« Je vous aime » : dans ces trois mots tient toute ma vie… »

« Croire en l'autre, c'est avoir des ailes. »

Parler de l'amour à notre époque peut paraître une gageure car ce mot est complètement dévalorisé. On aime tout … La publicité nous le dit chaque jour !

J'aime mon mari, ma femme, mes enfants, mon chien mais aussi ma voiture, ma maison, mon corps, mes cheveux et les pommes de terre !

Nous n'en finissons plus d'aimer à tort et à travers.

Ces « amours-là » existent, bien sûr !

Mais je souhaiterais vous parler du Véritable Amour …

Difficile à expliquer car il n'y a pas de vraie définition.

Il est trop grand, trop profond, pour être limité ou mesuré par des mots.

Tout d'abord, il faut bien comprendre que nous ne pouvons aimer les autres que si nous nous aimons nous-mêmes. De la même façon que nous sommes incapables d'enseigner à nos enfants la politesse si nous ne la pratiquons pas.

L'amour de soi et l'amour d'autrui sont indissociables.

Dans le sentiment amoureux, il y a la « volonté » d'aimer … le désir et l'action…C'est donc un désir assez fort pour être transformé en action.

Chacun de nous, en ce monde, aspire plus ou moins profondément à aimer. Pourtant, peu y réussit.

Nous ne sommes pas obligés d'aimer, nous le décidons, dans notre inconscient … Par notre besoin de trouver la personne avec qui nous formerons un couple pour ne plus être seul, nous calquons nos rêves d'amour sur les êtres rencontrés et allons nous rapprochés de ceux qui correspondent à nos critères le plus souvent physiques (blonde, brun, grand, petite, etc. …)

Ainsi, malgré nos bonnes intentions, si nous n'aimons pas quelqu'un c'est que nous avons fait ce choix de ne pas l'aimer …

– Tomber amoureux –

De toutes les idées fausses à ce sujet, celle qui est le plus souvent citée, c'est que *tomber amoureux* est une manifestation de l'amour.

Mais rien n'est plus faux !

Nous devenons amoureux surtout de façon érotique.

Nous éprouvons des sentiments pour nos parents, nos enfants ou nos animaux et pourtant nous n'en sommes pas amoureux pour autant.

Nous ne sommes pas attirés non plus par une personne du même sexe, sauf dans les cas d'homosexualité.

Nous éprouvons ces émotions que si nous sommes, consciemment ou inconsciemment physiquement motivés …

Je suis humaine, vous l'êtes aussi …

Aimer l'humain, c'est donc m'aimer autant que je vous aime … Mon évolution est liée à la votre.

Pour comprendre ce sentiment de l'amour, il faut repartir dans l'enfance…

Nous savons que l'enfant, au cours de sa vie, doit,

petit à petit, se détacher de sa mère. Pour cela, il doit acquérir le sens de son identité.

Au fil du temps, il faut qu'il comprenne que ses désirs lui sont propres et que sa mère est un être séparé de lui.

Il est évident que cela ne se fait pas sans mal car cette union parfaite de la mère et de l'enfant est un rêve tellement doux qu'on ne pourra jamais l'abandonner complètement. Même après des années de confrontation douloureuse à la vie, devant cette déchirure, ce rêve est toujours présent…

Nous savons d'ailleurs à quel point un enfant peut être perturbé lorsqu'il n'a pas de mère, si celle-ci n'a aucun intérêt pour sa progéniture ou si personne ne peut la remplacer.

Car, à ce moment-là, la séparation est tout de suite effective et le bébé en grandissant a beaucoup de mal à accepter cette désunion qu'il n'a pas eu le temps d'apprivoiser.

Lorsque cet enfant devient adolescent, avec beaucoup de mal parfois, il comprend qu'il ne peut vivre qu'en société … Le groupe lui est nécessaire. Il a besoin d'évoluer au milieu des autres afin de se reconnaître en tant qu'humain. Pourtant, il est séparé d'eux par son identité propre et ses limites …

A cause de mauvaises expériences d'enfance, certains de ces jeunes se renferment sur eux-mêmes. Ils peuvent se sentir en danger au milieu du monde et trouver la sécurité dans l'isolement…

Nous souffrons pratiquement tous de cette solitude. Nous voulons en échapper afin de nous sentir plus en harmonie avec l'univers extérieur, avec le Tout.

Tomber amoureux, nous permet justement cette envolée. Nous pouvons, pour un temps, fondre notre identité avec celle d'une autre personne…

L'effondrement de la frontière de cette solitude est vécu de manière enthousiaste… Nous et l'être aimé(e) ne faisons plus qu'Un…

Mais, attention, je vais vous faire sursauter car le fait de *tomber amoureux* est une sorte de régression … Nous nous retrouvons en relation d'unité comme nous l'étions avec notre mère. Et comme, à ce moment-là, nous pensions que tout était possible, notre union nous fait croire que nous pouvons abattre des montagnes. Notre amour, à lui seul, va vaincre tous les obstacles …

Pourtant, comme l'enfant grandit et doit se séparer de sa mère, pour nous, de la même façon, la réalité viendra s'imposer et troubler cette communion que l'on croyait parfaite.

C'est qu'être amoureux est obligatoirement temporaire !

Je ne veux pas dire que nous cessons d'aimer mais simplement que ce sentiment d'amour extasié se termine. C'est la fin de la lune de miel…

Un jour, avec les tracasseries quotidiennes, chacun dans le couple va réaffirmer sa personnalité et va prendre amèrement conscience de la vie. Il ne fait plus « un » avec l'autre !

Au début de la rencontre, nous avons, pour la plupart d'entre nous, tendance à mettre un masque. Nous voulons plaire à tous prix, être aimés …

Comme nous ne nous aimons pas, nous nous calquons sur ce que l'autre attend … Là est l'erreur ! Car c'est lorsque nous nous pensons aimés, que la tranquillité s'installe et que le vernis craque. Nous redevenons nous-même. Chacun affirme ses goûts, ses désirs et la passion s'éteint.

Nous sommes des individus séparés, c'est à ce moment-là que deux possibilités se présentent : rompre les liens ou commencer le Véritable Amour …

Il y a quelques années, nous avions les fiançailles pour apprendre à nous connaître. Aujourd'hui, ce mot fait un peu vieux jeu. Il fait sourire même puisque maintenant, les couples vivent ensemble rapidement. Il n'y a pas de temps à perdre … de plus la femme est libérée … *« Si tu veux m'essayer »* chante Florent Pagny … *« c'est pas un problème… »*

Je le conçois mais il y a plus de divorces ou de séparations à notre époque qu'il y a 50 ans…

Je sais qu'il est de bon ton de croire que nous aimons lorsque nous sommes amoureux mais c'est une illusion car le Véritable Amour ne prend pas ses racines dans ce sentiment, bien au contraire.

Tomber amoureux n'est pas un acte voulu. Ce n'est pas un choix en conscience car l'on peut *tomber en amour* au moment où l'on s'y attend le moins... Cela peut arriver avec une personne qui, de toute évidence, nous est mal assortie.

Et nous pouvons aussi être totalement incapable d'aimer quelqu'un que nous admirons pour sa beauté, son intelligence et qui serait parfait pour nous.

Ainsi, lorsque je parle du Véritable Amour, c'est d'un enrichissement durable entre deux personnes, celui qui élargit nos limites, nous mène au Chemin Spirituel et non à une passion... plus ou moins charnelle ...

– Le mythe de l'amour romantique –

Pour réussir à nous piéger, l'une des caractéristiques de la « passion » est l'illusion qui nous pousse à croire que cela durera toujours …

Cet amour romantique et éternel prend sa source dans les contes de notre enfance (Cendrillon, la Belle au bois dormant, Blanche Neige, …) Prince et princesse vécurent heureux et eurent beaucoup d'enfants …

Ainsi, dans les histoires, pour chacun de nous, un autre lui est destiné.

Cet autre ne peut vivre que **pour** et **avec** nous. Tour ceci est même écrit dans les astres … Et lorsque nous rencontrons l'*âme sœur,* nous la reconnaissons immédiatement et en *tombons amoureux* …

Hélas pour nous, la plupart du temps, cet amour se fane très vite. La réalité de la vie reprend son cours et nous nous retrouvons déçus. Ce que nous avions pris pour de l'amour n'en était pas…

Alors, comme des quantités de gens, nous tentons désespérément de faire rejoindre rêve et réalité. Souvent, nous y dépensons une énergie folle et nous nous épuisons à vouloir vivre le mythe …

Il y a des années, une jeune femme vient me voir avec des migraines atroces, apparemment sans raison. La médecine n'ayant rien détecté, on lui parle de douleurs psychosomatiques … « *je ne comprends pas … mon mariage est parfaitement réussi, j'aime mon mari comme au premier jour, mon travail me plait, nous gagnons bien notre vie et j'ai de beaux enfants…* »

Et ce n'est qu'au bout de plusieurs rendez-vous qu'elle éclate en sanglots, me disant : « *mon mari a changé, j'en ai marre de ses demandes incessantes, de ses questions sur les comptes et sur mon emploi du temps ! …* »

L'idée de l'amour était passée. Il fallait maintenant qu'ils trouvent comment s'aimer vraiment.

Je me souviens également d'un couple qui a eu la franchise de se dire que leur passion s'était éteinte. Maintenant, ils se rendent mutuellement malheureux en se trompant sans remord, recherchant tous les deux la personne de leur vie, chacun de son côté, croyant leur mariage fini.

Alors qu'une prise de conscience pourrait marquer le début d'un Véritable Amour.

Au début de la rencontre, les couples ont tendance à parler l'un pour l'autre … à s'asseoir toujours côté à côte, croyant qu'ainsi leur unité fera un mariage réussi …

Mais la majorité du temps, ils sont trop proches, trop « mariés » … ils s'étouffent mutuellement et mettent ainsi des problèmes en place …

– La dépendance –

Croire que la dépendance est de l'amour est un malentendu très courant dans notre société. La démonstration la plus complète apparaît chez une personne qui fait de la dépression ou tente de se suicider à la suite d'un rejet, d'une séparation, d'une rupture …

« je ne peux pas vivre sans lui ou sans elle … je l'aime tellement … ! »

Mais ce sentiment-là n'est pas de l'amour. C'est du « parasitisme » …

Il n'y a plus de liberté dans la relation. Avoir la nécessité de l'autre pour survivre est un « besoin » qui n'a plus rien à voir avec le fait d'aimer.

L'amour est un « choix » délibéré… Deux personnes s'aiment vraiment lorsqu'elles sont capables de vivre l'une sans l'autre et qu'elles adoptent, en toute conscience, le choix de vivre ensemble.

La dépendance pour un adulte c'est l'incapacité de se reconnaître comme un TOUT et de ne pouvoir « fonctionner » correctement que si l'autre est là pour combler un vide …

Bien sûr, nous désirons tous que quelqu'un s'occupe de nous. Il nous faut encore un père ou une mère pour nous sentir protégés. Mais ces sentiments, ces désirs ne régissent pas notre existence. Ils ne sont pas la nécessité première de notre vie.

Ceux qui souffrent de cette dépendance sont comme des affamés, ils sont rarement dans un état de plénitude. A cause de ce manque quasi permanent, ils en oublient leur véritable identité, se noyant dans le groupe des autres ou dans l'autre …

Un jour, un monsieur arrive chez moi en pleine dépression, sa femme est partie avec ses enfants.

« *Rien de bien surprenant,* me dit-il, *elle m'avait déjà menacé de partir. A chaque fois, je lui avais promis de changer et elle était restée… Mais je ne peux vivre sans elle, je ne dors plus, je vais me suicider …* »

Je lui demande alors pourquoi sa femme est partie ?

« *Parce que je n'ai rien fait pour elle, elle ne m'intéressait pas ni mes enfants d'ailleurs, je vivais comme j'en avais envie…* »

Je lui dis que je ne comprends pas, qu'il devrait être heureux parce que libre …

« *Mais je ne suis plus rien sans eux, je ne sais même plus qui je suis !* »

J'ai revu ce monsieur quelques temps après, en pleine forme :

– votre femme est revenue ?

– « *Non ! Mais j'ai rencontré une jeune femme qui*

m'aime beaucoup, on va se revoir, j'ai l'impression d'être redevenu humain … »

Peu importe pour lui de qui il était dépendant, il allait retrouver une identité dans sa nouvelle relation. Il avait cette sensation agréable de combler son vide intérieur …

L'histoire d'une jeune femme, belle et brillante qui collectionne les aventures est aussi très parlante. A chaque fois qu'un homme la quitte, un deuxième prend rapidement la place, n'importe qui mais vite, il faut un remplaçant. Pourtant, cela ne marche jamais. Elle s'accroche à eux, exigeant de plus en plus de preuves d'affection, voulant être en leur compagnie en permanence, refusant d'être seule, le plus court instant … *Je t'aime trop, je ne peux vivre sans toi …*

Très vite, le monsieur se sent piégé et n'a qu'une idée : fuir …

Il a fallu que cette jeune femme identifie son vide intérieur, qu'elle prenne conscience que son besoin de l'autre n'était pas de l'amour et qu'avant de chercher ce qu'un homme pouvait faire pour elle, il lui fallait trouver ce qu'elle pouvait faire pour elle-même …

Certaines personnes vont encore plus loin : une femme, peu de temps après son mariage, a un petit accrochage en voiture. A partir de ce moment-là, elle refuse systématiquement de conduire.

Elle dit que la peur de l'accident la paralyse, qu'elle a des sueurs froides, etc. …Elle devient donc totalement dépendante de son mari, qui lui, se trouve alors « enchaîné » à sa femme. Il lui sera impossible de vivre quelque chose sans elle. Quant à cette dernière, ne conduisant pas, ayant besoin de lui souvent, de sa présence constante…

Ainsi, il ne pourra plus ni aller voir les copains, ni avoir une aventure, ni la quitter … Si cela convient au mari, c'est parfait, sinon, il y a fort à parier, qu'il y aura rupture …

– Le sacrifice de soi –

De nombreuses relations se cachent derrière le don exagéré de soi … Un des points communs à ces personnes, c'est qu'avec l'amour pour alibi, elles veulent satisfaire leurs propres besoins, bien souvent sans se préoccuper de ceux d'autrui …

Nous entendons souvent : *je fais tout ce que je peux pour m'occuper de ma famille, je leur donne tout !*

Ainsi, un monsieur m'explique qu'il paye vacances, voitures et assurances pour ses fils, pourtant déjà dans le domaine du travail, qu'il fait les courses et le ménage pour sa femme, etc.

Et lorsque je lui ai demandé si il n'en avait pas marre de se dévouer ainsi, il m'a répondu :

« Oh, si ! Mais je les aime trop, je me fais beaucoup de souci pour eux et il faut que je fasse cela pour qu'ils voient comme je les aime ! »

En recherchant dans l'enfance de cet homme, nous nous apercevons que son père, coureur de jupons, alcoolique, totalement indifférent et insensible avait complètement négligé son foyer… Vivant très mal cet

« abandon », l'enfant s'était alors promis d'être totalement l'inverse quand il serait adulte.

Ainsi, ne vivant que pour les autres, s'oubliant lui-même, ce monsieur gâchait sa vie et infantilisait totalement sa famille…

Il avait donc besoin de prendre conscience que l'amour est quelque chose de compliqué et que le fait de vouloir être radicalement différent de son père l'empêchait d'exprimer des sentiments véritables pour les siens.

Il devait aussi comprendre que son affection pouvait être démontrée en sachant dire « non » et qu'il avait aussi le droit d'avoir de la désapprobation, de la colère et même de l'espérance … sans pour autant être un mauvais homme.

L'amour n'est pas un sentiment, l'amour est une action …

Il implique engagement et sagesse. Car lorsque nous nous soucions de l'évolution de l'autre, nous savons que nous avons pris l'engagement de l'aimer… Je l'ai écris plus haut, c'est un acte de volonté, une décision prise en conscience … ou tout au moins c'est ainsi que les choses devraient être.

Une personne peut nous attirer et nous pouvons avoir envie de l'aimer mais il faut se garder de confondre l'amour véritable et l'affection amoureuse.

Ainsi, il est facile de dire *j'aime ma famille,* alors que l'on ne fait rien pour elle.

Il est plus facile de se vanter de ses bonnes intentions en parlant de l'attachement mais il est plus difficile de trouver cette confirmation dans son propre comportement.

En un mot : l'Amour Véritable c'est ce que l'on fait et non ce que l'on dit faire ou vouloir faire.

– Le travail d'attention –

L'un des principaux aspects que peut prendre l'amour est l'attention ... Lorsque nous aimons quelqu'un, attentifs, nous nous soucions de son évolution dans l'amour, comme de la nôtre ...

Être à l'écoute d'une personne, c'est faire l'effort de remplacer nos préoccupations du moment en étant conscients de celles de l'autre.

Le meilleur moyen pour cela est d'être présent, en conscience.

Nous avons l'impression de passer notre temps à écouter mais c'est faux.

Très peu de gens savent et veulent le faire car ils sont enfermés dans leur « moi, je »...

Déjà, regardons notre comportement avec les enfants... Ils ont, dans certaines familles l'interdiction formelle de s'exprimer, ayant seulement le droit d'être les observateurs des adultes.

Nous pouvons aussi les laisser parler sans les écouter, gardant leurs discours comme un fond sonore.

Dans d'autres cas, nous faisons semblant d'être

attentifs, en ponctuant leur monologue de *Bien !, Ah bon ! Ah oui ! …*

Enfin, il se peut que nous les écoutions de manière sélective, en faisant un minimum d'effort et en dressant l'oreille de temps en temps…

Mais nous pouvons aussi les écouter pleinement, leur poser des questions, participer à leur vie, leurs problèmes.

Il faut aussi voir l'âge de l'enfant et saisir l'intuition du moment … Pourquoi, me direz-vous ?

Parce que c'est le seul moyen pour lui de s'ouvrir à autrui, de raconter sa vie et de parler de lui … pour qu'il ne devienne pas, plus tard, un grand enfant qui ne se donne pas le droit de parler.

Puisque la véritable écoute est un acte d'amour, elle est la meilleure chose dans la vie à deux, au sein du couple, dans la famille ou avec les autres. Souvent, les gens sont surpris à cette annonce : *Parlez-vous !*

L'amour romantique est sans effort comparé à l'Amour Vrai qui, lui, demande une grande écoute, pour laquelle il faut prendre le temps.

Rien n'est possible, en conduisant, en faisant la cuisine ou si l'on est fatigué avec comme seul désir d'aller se coucher.

Cela demande de la pratique et des efforts mais le jeu en vaut la chandelle !

– Prendre le risque de l'indépendance –

La vie toute entière nous demande de prendre des risques et plus nous vivons avec l'amour et plus nous nous devons d'en prendre. Le plus difficile étant celui de grandir … par étapes, à tout petits pas. Nous trouvons cela chez les enfants mais aussi parfois chez les adultes.

Une femme de trente ans, mère de deux enfants, est mariée à un homme qui par tous les moyens la contrôle et la rabaisse.

Pourtant brillante, ayant fait des études supérieures, elle n'a pas le droit de travailler, son mari prétendant que ses études ne valent rien… Au prix de grands efforts et de grandes souffrances, cette personne se rend compte de sa dépendance. Elle réussit enfin à se libérer et à divorcer.

Elle a évolué et va s'accepter pour pouvoir aimer les autres car elle a compris le véritable sens du mot amour.

– Le risque de l'engagement –

L'engagement est obligatoire dans toute relation d'Amour Véritable.

Qu'il soit profond ou non, il en est la base même. Souvent nous ne sommes pas conscients de ce que cela va nous demander. Nous devrons accepter la liberté, l'indépendance, les affrontements avec l'autre car si nous l'aimons, nous l'aiderons dans son évolution spirituelle par la constance de notre relation.

Lorsque notre besoin de croire en quelque chose devient trop nécessaire à notre survie, nous devons éviter de « diviniser » la personne que nous aimons.

Car à ce moment-là, nous serons dépendants et la rendrons elle-même dépendante.

– Le risque de la confrontation –

C'est souvent le plus grand danger, dans l'amour. Lorsqu'un mari dit à sa femme : *tu es frigide, parce que tu ne réponds pas à mes demandes !*

Lorsqu'une femme dit à son mari : *tu travailles trop, tu n'es pas assez à la maison !*

Ces personnes disent en filigrane, derrière ces mots : *j'ai raison et tu as tort, tu dois être différent(e)...*

Ce genre de critiques est courant et nous la pratiquons tous les jours sans état d'âme, le plus souvent sous le coup de l'énervement ou de la colère, ce qui ne fait qu'ajouter à la confusion du couple…

Lorsque le Véritable Amour est là, la critique est difficile car elle est signe d'arrogance, c'est vouloir affirmer sa supériorité. Hors, lorsque l'on Aime vraiment, on laisse à l'autre sa personnalité, son individualité, son identité …

Pourtant, parfois, pour des raisons x, nous savons si l'autre fait une erreur et nous devons, par amour, affronter le problème avec lui.

Cependant, avant de prendre position, il faut aller

chercher, au fond de soi, la raison pour laquelle nous voyons les choses différemment de la personne aimée : *ai-je raison, suis-je entrain de suivre mes propres intérêts, ai-je une bonne ou une mauvaise compréhension de la situation ?*

Cet auto examen est l'essence même de l'humilité… Il exige un véritable dépassement de soi.

Toutefois, attention ! Derrière l'humilité peut se cacher une tendance à critiquer qui s'étouffe derrière la sécurité, la peur d'assumer ses opinions …

Un homme, marié à une femme violente envers sa fille, conseille toujours à celle-ci de ne rien dire, d'accepter sa mère comme elle est et presque de *tendre l'autre joue…*

L'enfant grandit dans les difficultés mais admire la douceur et la compréhension de son père face à sa mère dominatrice et méchante.

Hors, il ne fallut pas beaucoup de temps pour reconnaître en ce père si « gentil » un être faible et passif qui avait préféré laisser sa fille vivre dans la souffrance, plutôt que de réagir et de prendre position devant sa femme…

– L'Amour est individualité –

L'une des caractéristiques du Véritable Amour est que la distinction entre nous-même et l'autre doit toujours être maintenue et encouragée.

Nous sommes deux identités distinctes.

De plus, qui aime vraiment, respecte l'originalité de l'être aimé…

Khalil Gibran a écrit dans Le Prophète :

Mais qu'il y ait des espaces dans votre communion.

Et que les vents du ciel dansent entre vous.

Aimez-vous l'un l'autre, mais ne faites pas de l'amour une entrave.

Qu'il soit plutôt une mer mouvante entre les rivages de vos âmes.

Emplissez chacun la coupe de l'autre, mais ne buvez pas à une seule coupe.

Partagez votre pain mais ne mangez pas à la même miche.

Chantez et dansez ensemble et soyez joyeux mais demeurez chacun seul.

De même que les cordes d'un luth sont seules cependant qu'elles vibrent de le même harmonie.

Nous avons plusieurs sortes d'amour qui nous « poussent » ou au contraire nous « freinent » dans notre vie.

Celui que nous avons pour des parents et qui est parfois chargé de respect, d'admiration, de tendresse et de sentiment de devoir car ils nous ont aimés pour nous et non pour eux.

Cet amour-là est une bénédiction car il nous donne la stabilité de notre vie … Quoiqu'il nous arrive, nous savons qu'ils seront là, fidèles aux sentiments qu'ils ont pour leurs enfants. Nous ne doutons de rien, nous nous sentons aimés et cela nous porte.

Mais il peut aussi être plein de regrets, de reproches et même parfois de haine pour ceux qui n'ont pas su nous apporter ce que nous attendions, ce dont nous avions essentiellement besoin et qui nous ont quelques fois élevé sans cette affection nécessaire à notre évolution.

Parfois même, l'éducation nous a été donnée dans la sévérité et l'exigence.

Il fallait toujours plus, toujours mieux, créant alors en nous un fort sentiment de culpabilité. Dans ce cas, ce sentiment peut alors être vécu comme un « boulet » car il pousse à aimer dans l'obligation des parents pas toujours aimables.

Mais nous ne devons pas nous croire forcés d'avoir de l'affection pour des gens qui ont pu être négligents, absents ou violents. Nous avons le droit de ne plus ou de moins les voir sans pour cela nous sentir coupables.

Ils seront sûrement exigeants et vindicatifs mais ce n'est pas parce qu'ils nous ont mis au monde que nous leur devons quelque chose …

Il y a aussi l'adoration liée à nos enfants. Ils sont la chair de notre chair et malgré, souvent bien des difficultés, nous les aimons envers et contre tout.

Ils sont liés à notre cœur et s'ils ont des problèmes, nous souffrons autant qu'eux, se greffant en plus pour nous, les questions : *comment l'aider au mieux, pourra-t-il s'en sortir, ai-je fait ce que je devais ?*

Parfois aussi, toutes ces émotions peuvent devenir une charge pour les uns et les autres.

Même adultes, ils restent nos « petits » et nous pouvons ruiner notre vie pour eux, en refusant de faire un nouveau couple pour ne pas déranger leurs conceptions des parents, ayant peur d'être jugés et moins aimés …

Mais nous pouvons aussi détruire leur vie par notre présence constante, les étouffant, voulant parfois gérer leur ménage ou critiquant l'éducation des enfants, ne leur donnant plus le droit de vivre « sans nous » qui avons toujours raison !

Et puis il y a l'amour pour l'autre celui ou celle que nous appellerons « notre moitié ».

Cet amour pouvant être parfois, un formidable sentiment d'épanouissement mais parfois aussi quelque chose de si fort qu'il en devient destructeur pour soi-même et pour autrui. Car, ce sentiment instinctif, naturel et merveilleux est rarement vécu dans sa plénitude. Il y a plusieurs difficultés réelles à le vivre dans sa force et sa Paix.

Il y a le : *j'ai besoin de toi … je ne peux vivre sans*

toi... Vivant alors dans le besoin, il y a obligatoirement attente et dépendance.

Toute notre vie, nous attendons quelque chose ou quelqu'un... Nous espérons **le** moment de le ou la rencontrer, l'instant, l'heure, le jour où l'on va satisfaire ce BESOIN ... Mais tout cela va nous mener à la dépendance puisque ce besoin deviendra nécessité.

S'il n'est pas comblé, nous pourrons même devenir irritable, agressif et jaloux face à ceux qui nous aurons donné l'impression d'avoir dépasser cette façon d'aimer.

Pour pouvoir anticiper ces problèmes, nous devons chasser l'idée que notre bonheur doit venir de quelqu'un d'autre !

Nous ne devons avoir aucune attente, sinon nous devenons dépendants d'un résultat donné.

Nous devons transformer cette dépendance en préférence, ce qui efface l'attente et procure la Paix.

Si vous attendez un résultat pour être heureux, c'est que vous êtes dépendants.

Si vous vous voulez simplement un résultat c'est une préférence.

Mais si vous dépassez cette préférence, si vous acceptez la vie telle qu'elle vous est donnée, alors vous êtes détachés.

Chaque personne doit d'abord s'occuper d'elle-même avant de s'occuper de l'autre... Bien que l'on nous ait appris qu'il fallait s'oublier pour ne penser qu'à autrui, je crois qu'il y a une erreur. Car si vous ne pensez qu'à la personne aimée, vous devenez obsédé par elle … *que fait-elle, que veut-elle, que souhaite-t-elle, de quoi a-t-elle besoin, comment me faire aimer encore plus ?*

Toutes ces questions vous obsèdent et vous vous oubliez…

Vous oubliant, vous ne pouvez vous aimer puisque vous refusez d'exister. Vous ne voulez vivre **que par** l'autre.

Il faut donc dépasser cela en comprenant que cette personne a sa propre vie et que chacun doit gérer son existence. Vouloir vivre par l'autre est souvent lié à la peur, peur d'être seul, peur de ne pas être aimé, peur, toujours peur …

Le but véritable de l'amour, ce n'est pas de chercher à nous compléter mais au contraire, c'est trouver une autre âme pour lui faire partager notre propre harmonie.

Nous ne devons donc pas vouloir trouver quelqu'un d'autre pour être deux mais au contraire pour être Un …

Nous avons oublié la Foi, la Confiance dans le divin, le Tout … Ce Tout qui est en Nous, car nous ne sommes que l'étincelle d'un ensemble ;

Nous croyons sans cesse être abandonnés alors que Dieu est bien présent. Nous nous rendons dépendants en imaginant que seul un autre va nous faire exister. Il est d'ailleurs courant d'écouter entre deux humains cette phrase : *sans toi je ne suis rien !*

Avec nos demandes d'amour fou, de manifestations de tendresse sans cesse répétées, nous ne sommes jamais rassasiés. Pourtant Dieu est là qui nous comble d'un Amour plus Vrai encore car dénué d'attente.

Nous devrions être plein de gratitude devant cet Amour qu'Il nous donne !

Nous l'avons oublié et c'est pour cela que nous recherchons sans cesse une compensation avec d'autres… Beaucoup de ceux qui se consacrent au ministère de Dieu l'ont admis…

Ils n'ont besoin de personne car ils ne se sentent jamais seuls …

Gilbert Bécaud l'a écrit : *la solitude ça n'existe pas*… L'avait-il compris ?

Pour ne plus être seul et retrouver Dieu oublié, il faut chercher **en soi**… Nous savons que cette force existe, nous en avons tous fait l'expérience un jour ou l'autre … Mais beaucoup d'entre nous ne savent pas qu'ils savent… Alors, ils continuent de chercher, d'attendre quelque chose d'extraordinaire, un événement miraculeux qu'ils vivront **eux** et eux seuls.

Ils ne voient pas les miracles qui se vivent tous les jours.

Lorsque Moïse a demandé à l'Eternel sur le mont Sinaï : *Donne-moi un signe …comment puis-je savoir … être sûr ? …*

Dieu lui a répondu, comme Il le fait encore avec

nous ! Comment a-t-Il répondu ? En mettant au fond du cœur de l'homme cette Certitude, cette petite voix qu'il est plus facile pour nous d'appeler conscience ou intuition mais qui est là, qui nous Guide et nous Aime.

Cependant la peur de renoncer au réel, au concret, nous pousse à ne vouloir en aucun cas perdre cette illusion.

Si chaque personne qui entre en relation essayait de comprendre comment elle vit ses sentiments et ce qu'elle en fait, si elle cherchait à savoir ce qu'elle ressent, ce qu'elle attend de l'autre et surtout ce qu'elle pourra lui donner, tout serait plus facile. A ce moment-là, chacun saurait exactement ce qu'il veut. Il n'y aurait pas de malentendus, de duperies, de mensonges.

Trop souvent nous voulons le don total de l'autre. Nous attendons de lui qu'il comble tous nos manques. Il devra être le père pour la force, la mère pour la tendresse, la compréhension et parfois le pardon, le frère ou la sœur pour la complicité et les jeux mais aussi l'amant ou l'amante qui comblera les sens ; le mari ou l'épouse qui sera là pour former le foyer, élever les enfants.

Nous voulons que l'autre soit selon nos espérances, sans savoir ce que nous espérons…

Comment voulez-vous que nous soyons capables d'être tout cela, nous qui avons déjà tant de mal avec nous-même !

Avant de pouvoir Aimer vraiment, il faut donc s'aimer.

Car si vous vous aimez, vous pourrez aimer les autres, les aimer sans attente et sans besoin.

Vous aurez compris que vous ne devez rien attendre d'eux et qu'ils ne doivent rien attendre de vous.

Ce n'est pas de l'indifférence.

C'est laisser à chacun la Liberté d'Être …

Cet ouvrage a été composé par Edilivre

175, boulevard Anatole France – 93200 Saint-Denis
Tél. : 01 41 62 14 40 – Fax : 01 41 62 14 50
Mail : client@edilivre.com

www.edilivre.com

Tous nos livres sont imprimés
dans les règles environnementales les plus strictes

ISBN papier : 978-2-332-74651-1
ISBN pdf : 978-2-332-74652-8
ISBN epub : 978-2-332-74650-4
Dépôt légal : octobre 2014

Imprimé en France, 2014